AF253964

DISCOURS

PRONONCÉ

DANS L'ÉGLISE DE SAINT-AUGUSTIN, A PARIS,

LE 15 AVRIL 1882,

PAR MGR MEIGNAN, ÉVÊQUE DE CHALONS,

A LA

BÉNÉDICTION DU MARIAGE

DE

M. Maurice LAMBERT
et de Mlle Claire **BENOIT-CHAMPY**.

CHALONS-SUR-MARNE,

IMPRIMERIE T. MARTIN, PLACE DU MARCHÉ-AU-BLÉ, 50.

—

1882.

DISCOURS

PRONONCÉ PAR Mgr L'ÉVÊQUE DE CHALONS

A LA BÉNÉDICTION DU MARIAGE

DE

M. Maurice LAMBERT et de Mlle Claire BENOIT-CHAMPY.

DISCOURS

PRONONCÉ

DANS L'ÉGLISE DE SAINT-AUGUSTIN, A PARIS,

LE 15 AVRIL 1882,

PAR MGR MEIGNAN, ÉVÊQUE DE CHALONS,

A LA

BÉNÉDICTION DU MARIAGE

DE

M. Maurice LAMBERT
et de Mlle Claire BENOIT-CHAMPY.

CHALONS-SUR-MARNE,

IMPRIMERIE T. MARTIN, PLACE DU MARCHÉ-AU-BLÉ, 50.

1882.

DISCOURS

PRONONCÉ

A LA BÉNÉDICTION DU MARIAGE

DE

M. Maurice LAMBERT
et de Mlle Claire **BENOIT-CHAMPY**.

Monsieur et Mademoiselle,

En venant ici, suivant vos désirs, consacrer votre union matrimoniale, j'accomplis un ministère plein de douceur et de consolation.

Il est des choses qui, en se répétant dans la vie, apportent un grand charme par leur répétition même. Après avoir donné l'enseignement catéchistique à votre mère, après l'avoir préparée à la première communion, j'ai été appelé, il y a vingt ans, Mademoiselle, par votre aïeul et votre aïeule à bénir l'union des auteurs de vos jours; et aujourd'hui je vais consacrer, au nom de la religion, l'union de leur fille dans des conditions qui réjouissent le cœur de leurs amis.

Votre père et votre mère, se rappelant les premières et saintes joies de leur mariage, ont voulu que la même main qui le bénit, appelât sur le vôtre les mêmes grâces sacramentelles. C'est sous le charme de cet heureux souvenir que je viens donner les mêmes conseils à deux âmes qui vont s'unir l'une à l'autre au sein d'une affection toute chrétienne.

Dans un siècle où l'idée religieuse s'affaiblit, où ce qui est matière, richesse, frivolité, se substitue de plus en plus à ce qui est vertu, principes et morale, c'est presque une rareté qu'un mariage entièrement chrétien.

On oublie, hélas! que, nécessaire au jeune homme, à la jeune fille, pour préserver le printemps de la vie, la religion ne l'est pas moins à la famille entière. Où trouver sans elle un moyen capable d'assurer la dignité, le bonheur des époux et la bonne éducation des enfants ?

Bien comprise et bien pratiquée, elle imprime un caractère général d'honneur et de véritable distinction à tous les actes de la vie : elle est une seconde noblesse et la meilleure pour les familles qui en font leur première loi.

Car, pour garder, de nos jours, des croyances religieuses, il faut du caractère, aimer la réflexion et la vertu. Il ne faut être vulgaire ni dans ses goûts, ni dans ses mœurs. Heureuse nécessité : car n'est-ce rien que d'échapper à cette banalité et à cette faiblesse morale au sein de laquelle tombe presque fatalement l'homme qui sacrifie aux préjugés du jour, à des passions aujourd'hui tristement populaires, mais trop bruyantes, trop insensées pour n'être pas éphémères ? Ne rien croire en religion, n'est-ce pas là ce qu'on peut imaginer de plus tristement vulgaire? Il suffit à cela de ne rien étudier sérieusement et d'ouvrir ses oreilles aux sots propos et son cœur aux aveugles passions.

La religion donne au caractère la fermeté, aux paroles, aux actes, à la vie l'autorité, au cœur une bonté généreuse, aux sentiments une délicatesse incomparable, à l'homme tout entier, je ne sais quoi de complet et d'achevé, qui, à toutes les époques, recommande et fait une place à part dans l'estime des gens de bien. A cet égard, l'antiquité païenne elle-même, si j'osais l'invoquer ici, me fournirait des exemples. Dans ses odes immortelles, le favori de Mécène et d'Auguste faisait applaudir, par un siècle corrompu, les vers où il célébrait la religion, les saintes croyances et les mœurs austères des ancêtres.

Mais il ne faut pas remonter si loin, et je vois dans votre propre famille, Monsieur, les fruits des croyances religieuses et des antiques vertus. N'êtes-vous pas le petit-neveu du célèbre président Pascalis, dont la vie pleine d'honneur compose une belle page dans l'histoire de la magistrature française? Votre père fut un homme de mœurs antiques, absolument consciencieux et laborieux, dont la foi chrétienne, comme celle de votre mère si regrettée, inspira d'abondantes largesses. Son nom est inscrit à plus d'une page du livre d'or des œuvres catholiques N'avez-vous pas été élevé dans les mêmes traditions de travail, de désintéressement et de dévouement par d'illustres maîtres, dont vous étiez et dont vous restez le constant ami? J'ai nommé Mgr Dupanloup dont tant d'élèves admirables sont devenus aujourd'hui des hommes, au beau sens du mot, *viros*, des hommes soutenant et défendant de toute leur énergie chrétienne notre société ébranlée.

Puis-je, dans cette paroisse de Saint-Augustin, dont il a été le second fondateur et le second curé, oublier mon vénérable métropolitain, Mgr Langénieux, archevêque de Reims, votre maître aussi et votre chaleureux ami, qui se plaît à répéter ce que vous avez fait et ce que vous faites encore pour les œuvres catholiques, en militant dans une carrière qui n'offre à ceux qui y entrent et s'y maintiennent résolûment que les joies de la conscience, de l'honneur et du dévouement non accompagnées, vous le savez, des faveurs officielles?

Dans votre famille, Mademoiselle, nous trouvons aussi de belles traditions de travail, d'honneur et de vertu. Les grandes sociétés financières de Paris n'ont point oublié les services que leur rendirent, dans le temps, les conseils, l'activité, les lumières de M. Thoureau. La commune de Polisy, au milieu de laquelle il a, de concert avec sa généreuse et admirable compagne, Mme Thoureau, élevé dans des proportions presque monumentales une école, un asile pour l'enfance, et où il a placé des secours pour la vieillesse et la maladie, bénit sa mémoire et conservera longtemps son souvenir, souvenir ravivé sans cesse par sa sainte veuve qui, après avoir été l'inspiratrice de ces œuvres de bienfaisance chrétienne, leur donne chaque jour une nouvelle ampleur. Son grand âge la retient en ce moment loin de nous; mais, vous le savez, celle qui prit tant de soin de votre enfance et de votre jeunesse, est néanmoins, en ce moment, présente par son cœur et par ses prières.

Votre père, Mademoiselle, est le petit-fils du baron de Champy, le compagnon de Monge à la bataille des Pyramides, et membre de l'Institut. Il est le fils du président Benoît-Champy, ancien ambassadeur, ancien député, ce maître dans l'art de bien dire, cette plume délicate qui s'exerça avec tant de succès dans le genre le plus sévère et aussi dans le genre le plus gracieux. Je pourrais dire peut-être ce qu'il fut comme homme public et les services qu'en toute occasion il a rendus à notre bien-aimé pays. Mais peut-être raviverais-je trop de regrets dans le cœur de ses amis? Je rappellerais des institutions, des hommes, des choses qui, en tombant, ont multiplié, sur le sol de France, des ruines douloureuses. A plus forte raison, je ne veux point parler ni des vertus privées de votre aïeule, ni du charme qu'elle savait répandre dans un monde brillant, à cette époque de calme, de paix et de prospérité, hélas ! bien loin de nous aujourd'hui. Elles ne sont plus, ces belles fêtes dont votre aïeule, Mademoiselle, faisait l'éclat, quand au ciel de notre France rien n'annonçait encore les tempêtes dont nous devions être, à tant d'égards, les malheureuses victimes !

Je n'ai pas besoin, après avoir parlé de ceux qui ne sont plus, de vous dire ce que vous savez mieux que moi, les vertus touchantes d'une mère admirable et les titres au courage et au savoir d'un père qui, comme tant d'autres, a vu se fermer une carrière où l'appelaient de premiers et de brillants succès et des services patriotiques dont le souvenir n'est pas éteint.

D'ailleurs, jeunes époux, à l'heure solennelle où vous vous trouvez, c'est surtout votre bonheur qui nous préoccupe. Sans doute, le jour où deux âmes se jurent devant Dieu, dans la sincérité de leur cœur, une affection immortelle, le Ciel, à leurs yeux inexpérimentés et ravis, semble pur et sans nuage, l'avenir se dore pour eux des rayons du bonheur et de l'espérance; mais, hélas! qui sait le secret de l'avenir? Qui peut dire les destinées d'une vie à son début? Nous avons trop d'expérience des choses humaines pour ne pas dire avec Bossuet :

« La santé n'est qu'un nom, la vie n'est » qu'un songe, la gloire n'est qu'une appa- » rence, les grâces et les plaisirs ne sont » qu'un dangereux amusement; tout est » vain en nous, excepté le sincère aveu que » nous faisons devant Dieu de notre vanité. »

Voulez-vous du moins vous mettre à l'abri des dangers qui compromettent le plus sou- vent ici-bas la paix des cœurs, la sérénité des âmes ? Soyez religieux, craignez Dieu, observez sa loi sainte. Dans un temps de dé- fection religieuse, d'incrédulité banale et épi- démique, soyez chrétiens. Au doute ignorant opposez des convictions solides, fruit d'une réflexion tranquille, de la prière et de l'étude. Les familles, comme les sociétés, ne voient leur sécurité et leur bonheur irrémédiablement atteints que par l'absence de la religion, loi fondamentale des sociétés, institution divine, condition primordiale de la discipline du foyer domestique et de la paix des Etats.

Epoux, aimez votre épouse comme Jésus-Christ a aimé son Eglise. — Une tendre mère a élevé elle-même cette modeste jeune fille ; elle lui a prodigué les soins d'un amour inquiet et vigilant. Elle a déposé dans son cœur le précieux germe de toutes les vertus. — Un père, en se séparant d'elle, comprend qu'il donne son meilleur trésor. L'un et l'autre vont ressentir douloureusement son absence au foyer attristé. Tous deux enfin la confient à votre religion et à votre honneur.

Epouse, aimez votre époux comme l'Eglise a aimé Jésus-Christ. Celui qui désormais sera le compagnon de votre vie, en sera aussi le protecteur fidèle. N'oubliez jamais, Mademoiselle, que la vertu vaut une couronne et l'emporte sur tous les succès. Votre cœur si bon, votre humeur si douce, votre piété feront sans effort le bonheur de l'heureux compagnon de votre vie.

Que Dieu donc daigne répandre par nos mains ses plus abondantes bénédictions sur ces deux jeunes époux ! Qu'il comble leur union des prospérités d'ici-bas et des faveurs du Ciel !

Tel est l'objet des vœux émus de toute cette assemblée ; tel sera l'objet des ardentes prières qui vont s'élever ici de tous les cœurs.

Châlons, imp. T. Martin.

49

www.ingramcontent.com/pod-product-compliance
Lightning Source LLC
Chambersburg PA
CBHW051412060726
47596CB00005B/2181